RÉPONSE

A L'ÉCRIT DU MINISTÈRE.

DE L'IMPRIMERIE DE J. TASTU,

RUE DE VAUGIRARD, N° 36.

RÉPONSE

A L'ÉCRIT DU MINISTÈRE,

SUR LA QUESTION

DU RENOUVELLEMENT INTÉGRAL

DE LA CHAMBRE DES DÉPUTÉS.

PAR

M. ÉTIENNE,

DÉPUTÉ DE LA MEUSE.

PARIS.

BAUDOUIN FRÈRES, LIBRAIRES,

RUE DE VAUGIRARD, N° 36.

1823

RÉPONSE

A L'ÉCRIT DU MINISTÈRE,

SUR LA QUESTION.

DU RENOUVELLEMENT INTÉGRAL DE LA CHAMBRE DES DÉPUTÉS.

La dissolution des Chambres sous un gouvernement représentatif est un appel que la couronne fait à l'opinion. S'il s'élève entre ses conseillers et les députés de la nation quelque dissentiment grave, il est naturel que le monarque consulte le vœu des peuples, qu'il réunisse les colléges électoraux. Aujourd'hui, rien de semblable n'existe; aucune différence d'opinion ne divise la majorité de la Chambre élective et le ministère qui est sorti de son sein ; la couronne annonce cependant qu'elle va user de la plus importante de ses prérogatives. Il n'est pas étonnant que cette mesure déplaise à la majorité, qui y voit peu de reconnaissance de la part d'hommes qu'elle a seule élevés , et qui se plaindraient encore de la dissolution , quand elle ne leur donnerait que la peine d'un simple déplacement.

En vain on lui répond que c'est pour modifier la Charte; elle s'en serait aussi bien chargée que la Chambre future; le ministère n'a pas rencontré de résistance qui puisse lui inspirer des inquiétudes raisonnables pour l'avenir. Cependant il s'est avancé : revenir sur ses pas serait trop faible, mépriser les clameurs du parti serait trop imprudent ; il a pensé que le convaincre, que le gagner par de douces paroles et par de grandes espérances serait le parti le plus sage : c'est celui auquel il s'est arrêté.

Le Renouvellement intégral, qui a paru hier, est l'ouvrage du ministère; il ne s'adresse malheureusement pas à la France. Sa brochure n'est qu'une espèce de supplique présentée à un parti ; c'est une assez froide apologie où des hommes qu'on accuse d'ingratitude s'expliquent, ou plutôt s'excusent devant leurs bienfaiteurs. C'est une position bien fausse que celle d'un ministère en querelle avec le seul parti qui l'appuie, et obligé de se justifier à l'avance d'une mesure qu'il n'a pas encore prise. Aucune des nombreuses administrations que nous avons vues se succéder ne s'est encore engagée dans un défilé si périlleux.

Dans l'absence des Chambres, le ministère s'est vu forcé de recourir à la presse pour parler à ses amis ; c'est de cette tribune, toujours ouverte, qu'il leur adresse ses prières, qu'il leur fait connaître ses desseins.

J'essaierai d'y monter après lui, pour y parler de la France, qu'on a beau vouloir isoler du débat, et qui s'y trouve plus intéressée que les ministres et les aspirans au ministère.

Je ne m'arrêterai pas sur de misérables arguties, indignes d'un grand pouvoir et d'un grand talent ; ces sophismes de l'école sur l'art. 37, ces cinq ans qui n'excluent pas la septennalité, et cette pénible anatomie des mots pour dénaturer les choses, rappellent les tristes controverses sur *la grâce suffisante qui ne suffit pas*, et auxquelles le génie caustique de Pascal a donné l'immortalité du ridicule ; il faudrait avoir hérité de sa plume railleuse pour faire vivre aussi long-temps ces nouvelles subtilités, inspirées par un autre jésuitisme.

N'ayant pas à négocier avec un parti, je ne chicanerai ni sur le texte, ni sur l'esprit des traités ; je prendrai la question de plus haut, et je la verrai plus grandement. L'horizon du pays a plus d'étendue que celui où s'est renfermé le pouvoir.

Avant de considérer le renouvellement intégral sous son véritable point de vue, je relèverai, toutefois, dans le placet du ministère, quelques aveux et quelques prétentions. Les uns me paraissent d'une grande maladresse, les autres d'une grande naïveté. « Jamais, y est-il dit, le moment ne fut plus opportun pour obtenir des élections royalistes ; jamais l'occasion d'obtenir la septennalité ne fut plus favorable ; malheur aux ministres qui la laisseraient échapper ! » Eh ! pourquoi donc désespérez-vous de vous faire adjuger plus tard ce que vous croyez pouvoir obtenir aujourd'hui? Avez-vous la prescience de ce qui, dans un an, vous priverait des suffrages de la France?

Vous parlez de la Chambre introuvable et du moment où elle fut choisie; mais alors l'étranger occupait nos provinces ; aujourd'hui l'armée française y rentre. Ce n'est pas sur nos lois qu'elle a remporté des victoires; et quand elle passera sous des arcs de triomphe, vous n'irez pas sans doute jeter à ses pieds la Charte mutilée. Ce sont d'autres hommages qu'elle attend ; ses trophées seront purs de tous sacrifices à la liberté de son pays.

Le ministère parle des fatigues que lui cause le renouvellement annuel : « Les travaux d'une session à peine finis, dit-il, » il faut songer à préparer l'autre. Il est » vrai de dire qu'avec l'élection partielle, il » n'y a qu'une seule chose, qu'une seule » affaire en France, les élections. »

L'écrivain du ministère a-t-il bien songé aux conséquences nécessaires de cet aveu? ne confesse-t-il pas aux yeux du monde, en plaidant ainsi pour la septennalité, tout ce qu'il lui a fallu d'efforts pour obtenir la majorité qu'il gratifie de la dissolution en échange du pouvoir qu'il en a reçu. Eh quoi ! il avoue qu'il n'a pu la réunir qu'à la sueur de son front, qu'il a dû chaque année semer sur toute la surface du pays les disgrâces et les faveurs, les emplois et les destitutions ; que les intrigues électorales ont consumé tous ses travaux, toutes ses veilles; qu'il n'a eu de temps que pour s'occuper de lui, qu'il lui en a manqué pour s'occuper de la France. Cette confidence imprudente, il pouvait la faire à son parti ; mais sa préoccupation est telle, qu'il a oublié que s'il ne parlait pas à la France, du moins la France était là qui écoutait.

Ne peut-elle pas, à son tour, lui dire : N'avez - vous pas changé la loi électorale tant qu'elle ne vous a pas offert des chances certaines? n'avez-vous pas doublé le nombre des voix qui vous étaient favorables en accordant le double vote à vos amis ? n'avez-vous pas circonscrit l'élection dans des limites que vous avez vous-même posées ? n'avez-vous pas, en quelque sorte, parqué les suffrages par des combinaisons mathématiques et géographiques, avantageuses pour vous, gênantes pour les citoyens ? Toutes les influences locales, tous les pouvoirs, ne sont-ils pas dans vos mains? et après que vous vous êtes fait la part du lion, vous venez nous dire que les élections obtenues par vous sont si laborieusement acquises, que vous n'avez pu les conquérir que par le déploiement de toutes les grâces et de toutes les sévérités ! qu'elles ne vous ont pas laissé de loisirs pour vos devoirs et pour nos intérêts !

L'opinion vous est donc bien défavorable? Si elle ne vous repoussait pas, eût-il été nécessaire de la tourmenter comme vous avouez vous-même que vous l'avez fait ? Si vous aviez mis à la gagner le temps qu'il vous en a coûté pour lui faire violence; si, au lieu de songer aux choix de l'année suivante, vous aviez préparé des lois tutélaires, vous pouviez vous épargner bien des peines et vous assurer bien des actions de grâces. Vous n'auriez pas eu besoin de commander des choix qui seraient allés au-devant de vos désirs. Songez donc que l'élection est circonscrite dans les sommités de la propriété, de l'industrie, et de toutes les classes éminemment conservatrices.

Mais ces doléances sur les fatigues que vous éprouvez sont-elles bien de nature à nous toucher ? C'est à nous que vous devez le repos, et vos veilles nous appartiennent. Le pouvoir qui resplendit autour de vous, les grâces, les faveurs que vous semez, sont le produit de nos sueurs, et c'est notre infatigable activité qui remplit les trésors dont la garde vous est confiée. Mais j'abandonne ces singuliers aveux, qui sont de bien faibles épisodes dans le grand débat qui s'agite. Il est tout entier dans l'intention de modifier un article de la Charte ; c'est là, si je puis m'exprimer ainsi, le vif de la question.

Aucune institution humaine, dites-vous, ne peut durer toujours ; le temps y apporte

des modifications et des changemens nécessaires. Ce principe n'est pas contestable;
mais l'application en est-elle opportune?
La Charte qui nous régit est-elle donc si
antique; est-elle minée par les siècles; et la
force des choses l'a-t-elle fait tomber en dé-
suétude? Non; la Charte ne compte pas encore deux lustres d'existence : signée sur le
champ de bataille de la révolution, elle fut
destinée à réconcilier des intérêts qui se li-
vraient une guerre acharnée. Elle s'est in-
terposée entre les combattans : elle a rendu
aux uns une partie de ce qu'ils avaient perdu;
elle a maintenu aux autres une partie de ce
qu'ils avaient conquis; elle a élevé une bar-
rière insurmontable entre le présent et le
passé; elle a été un vrai traité d'union
dont la couronne est devenue le garant.

Il faut bien l'avouer : la défiance n'a pas
tout-à-fait disparu avec elle; les intérêts,
les ambitions toujours en éveil, n'ont pas
cessé d'être hostiles : tous ont cherché à
étendre la part qui leur était assignée; tous
ont dû le faire; c'était une conséquence iné-

vitable de leur rivalité, de leurs passions toujours flagrantes.

Mais, s'écrie l'écrivain du ministère, ce qu'il s'agit de faire, les partis l'ont successivement tenté. Le parti de l'ancien régime et le parti du nouveau ont tour à tour voulu des modifications. Oui, sans doute, il était dans leur essence, dans leur nature de les réclamer; mais il était dans la mission élevée de la couronne de ne pas les souffrir. Toutes les inquiétudes, tous les troubles, tous les malheurs qui ont affligé la France sont venus des craintes qu'excitait l'intention de porter une atteinte à la Charte, parce que tous les intérêts garantis par elle se sont crus blessés.

Le pouvoir ministériel demande aujourd'hui le sacrifice d'un article qui le fatigue; l'aristocratie réclamera demain l'abolition d'un article qui la blesse; le parti populaire, la suppression d'un autre qui le gêne; et le jour où l'un manifestera ses desseins, les autres se croiront tous menacés, et ils ne verront, dans un premier pas, qu'un acheminement à une autre conquête.

Supposons qu'un ministère sorti d'une majorité animée d'un esprit moins aristocratique, et voulant se la rendre de plus en plus favorable, propose, par exemple, la suppression de l'article de la Charte qui remet au monarque la nomination des présidens des colléges électoraux : certes, il pourrait donner des raisons tout aussi spécieuses que celles qu'allègue aujourd'hui le ministère contre le renouvellement partiel ; il prouverait aisément que cet article n'est pas une disposition essentielle, fondamentale ; que ce n'est qu'*un mode d'exécution ;* que des électeurs qui offrent tant de garantie par leur fortune et par leur position sociale peuvent, sans inconvéniens, nommer celui qui doit recueillir et constater leurs suffrages. Cependant les hommes monarchiques prendraient l'éveil ; ils s'écrieraient que cette première atteinte portée aux droits de la couronne doit en faire craindre de plus graves, et qu'elle facilitera d'autres envahisse-

mens à la démocratie. Ce qu'ils redoute-
raient si cet article était menacé, pourquoi
donc ne veut-on pas que le parti populaire,
si indignement repoussé, s'effraie quand l'article 37 est en péril?

Je ne concevrais la dissolution de la
Chambre élective que dans l'un de ces deux
cas, parce que la couronne a garanti la
Charte à toutes les opinions, à tous les intérêts; mais qu'elle fasse un appel à une
autre Chambre pour prononcer la violation
du pacte qui est son ouvrage; qu'elle fasse
fléchir elle-même la balance dont elle doit,
pour elle et pour le pays, maintenir l'équi-
libre parfait, c'est une de ces contradictions
choquantes qui répugnent à la raison, et qui
ne peuvent être que l'œuvre d'une irréflexion
bien étrange ou d'une intrigue bien cou-
pable.

On ne trompe plus personne par des sophismes; chacun sait ce que veut, ce que
redoute le parti contraire. La Charte est un
frein à toutes les ambitions; il faut le faire

sentir à toutes celles qui en sont impatientes.

On devrait un peu séparer les masses des partis, et se bien convaincre que les intérêts des unes pèsent un peu plus que les prétentions des autres. Les masses n'aspirent qu'à la conservation ; elles ne redoutent que la fatigue des changemens. Victimes de tous ceux qui se sont succédés depuis trente ans, elles voient avec effroi tous ceux qui pourraient les menacer encore. On a beau leur dire : Ce sera toujours la Charte ; elles se rappellent que sous l'Assemblée législative on leur criait : C'est encore la monarchie. Elles n'ont pas oublié que la France a eu, ainsi que Rome, un autre César, qui inscrivait encore le nom de *république* sur les portiques du palais où il avait élevé le trône impérial. Elles savent que tous les pouvoirs n'envahissent que par degrés ; qu'ils se couvrent encore quelque temps du manteau des lois qu'ils viennent de briser, et elles ne seraient pas rassurées en voyant le mot de la *Charte* écrit sur les portes de l'enceinte où l'aristocratie déchirerait peu à peu toutes ses pages, et fonderait son empire sur les débris du trône et de la liberté.

Mais la Charte telle qu'elle existe n'est-elle pas un instrument de force et de gouvernement assez puissant pour le ministère? N'est-ce point sous son égide que se sont recréées nos finances, que se sont recrutées nos légions? La France, si tourmentée par ces destitutions éternelles et par ces réactions désolantes dont le ministère nous fait aujourd'hui l'imprudent aveu; la France ne s'est-elle pas résignée à tous les sacrifices? n'a-t-elle pas lutté, par son travail et par ses efforts sans cesse renaissans, contre toutes les inquiétudes du pouvoir, contre toutes les exigences de la politique? Quel père a refusé son fils? quel propriétaire a été en retard de verser ses tributs?

C'est à l'abri de cet arbre majestueux qu'elle a oublié tous les malheurs du passé, et qu'elle a créé toutes les ressources de l'avenir. Quelle main téméraire oserait donc y porter aujourd'hui la hache de la réformation? On ne veut pas sans doute, comme le sauvage de Montesquieu, le renverser d'un seul coup : plus civilisés, les modificateurs sont moins impatiens ; ils commencent par une branche de l'arbre, mais peu à peu ils les abattraient toutes. Cependant ils en cueillent tous les fruits ; la France ne leur en disputait aucun, elle ne jouissait que de son ombrage , et les imprudens veulent le lui ravir !

Sparte était sans doute moins inconstante, moins mobile que la France, et cependant, quand Lycurgue lui eut donné des lois, il s'exila volontairement en exigeant des peuples la parole qu'ils n'y feraient aucun changement avant son retour. Nos ministres français ne sont point des Lycurgues , ils ne s'exileront pas; d'ailleurs ils ne sont point les législateurs de la France, ils sont les gardiens de ses lois, et j'oserai leur adresser ici une dernière interpellation. Peuvent-ils oublier qu'ils sont les ministres de l'auteur de la Charte; et ne répondront-ils à sa haute confiance qu'en portant la main sur l'œuvre de sa sagesse? aura-t-il la douleur de ne pas la transmettre pure de toute altération, aux héritiers de sa couronne et de son nom? Survivra-t-il à son plus bel ouvrage, et ce testament solennel, bien autrement imposant que celui de son grand aïeul, puisqu'il y a légué à l'avenir la paix, le bonheur et la liberté, sera-t-il infirmé sous ses yeux par les dépositaires de ses augustes volontés? enfin, le ministère sera-t-il moins respectueux envers Louis XVIII, que le parlement ne le fut envers Louis XIV!

FIN.